KB082264

지역경제와 일반계 고등학교

지역경제와 일반계 고등학교

지은이 최재훈

발 행 2017년 3월 22일
펴낸이 김진우 임종화
펴낸곳 좋은교사운동 출판부
출판등록번호 제2000-34호
주 소 서울특별시 관악구 남부순환로 218길 36, 4층
전 화 02-876-4078
이메일 admin@goodteacher.org

ISBN 978-89-91617-34-6 03370

www.goodteacher.org

좋은교사 연구실천 프로젝트 X

04

지역경제와 일반계 고등학교

최재훈

좋은교사

교육 난제는 현장 교사가 풉니다!

임진왜란 때 선조가 이순신에게 총공격을 명령했지만 이순신은 적의 유인 전략이라 판단하여 공격하지 않았던 일이 있습니다. 이로 인해 이순신은 관직을 박탈당했고, 대신 출정한 원균의 군대는 전멸하고 맙니다. 현장의 상황을 모르고 내린 결정이 얼마나 어처구니 없는 것인지를 보여주는 사례입니다.

"초등학교 사회 교과서는 대학생 교재보다 어렵습니다. 왜냐하면 그 많은 내용 요소를 압축적으로 구겨넣어 놓았기 때문이죠. 이런 교과서를 만든 사람이 한번 가르쳐보라고 하고 싶네요."

수업에서 학생들에게 배움의 기쁨을 누리게 하고 싶다는 것은 모든 교사들의 소망이지만 현장의 상황을 모르고 내려오는 교육과정과 각종 사업 등 수많은 장애물들이 우리의 발목을 붙잡고 있습니다.

"현장에 답이 있다"는 말을 많이 합니다만 교육정책을 좌우하는 관료, 교수, 정치인들은 현장 교사들의 목소리를 귀담아 듣지 않습니다. 이렇게 된 데에는 우리가 교육전문가로서의 교사의 역할을 적극적으로 찾지 못한 책임도 없지 않습니다.

이제 현장의 교육전문가인 우리 교사가 나서야 합니다. 우리 교육에는 수많은 난제가 산처럼 버티고 있습니다. 우공이산(愚公移山)의 결기로 우리 모두가 이와 씨름하는 일이 개미떼처럼 집단적으로 일어나야 합니다. 그러한 노력들이 격려되고, 공유되고, 확산될 때 우리 교육은 아래로부터 변화되어갈 것입니다. 이 과정은 교육전문가로서의 교사 성장에 큰 도전이 될 것입니다. 이를 통해 수동적 전달자가 아닌 능동적 연구실천가로 성장하게 될 것입니다.

좋은교사운동은 우리 교육의 난제를 현장 교사들의 힘으로 풀어나가는 프로젝트를 시작했습니다. 이름하여 "좋은교사 연구실천 프로젝트 X"입니다. X는 난제를 뜻합니다. 이제 X를 붙들고 고민한 결과가 세상에 모습을 드러냈습니다. 그 동안 바쁜 학교생활 가운데서도 시간을 쪼개어 문제와 씨름하는 노고를 감당하신 선생님과 멘토와 행정적인 모든 수고를 감당해주신 사무실의 간사님들과 연구위원장 조창완 선생님께 존경과 감사의 뜻을 전합니다.

- 2017.2.25. 좋은교사운동 공동대표 김진우

‖ 목 차

1. 지역의 경제력과 교육과정

    고등학교 교육과정을 고민하면서 중요한 요소를 하나 발견하게 되었습니다. 먹고 사는 문제입니다. 단순히 먹고 사는 문제인 경우도 있고 어떻게 먹고 살아야 하는지에 대한 문제도 있습니다. 굳이 용어를 쓰자면 경제입니다. 그간 경제의 흐름이 정치보다 더 우리의 관심분야였습니다. 정치를 경제가 움직였습니다. 그러다 보니 학교 교육 또한 경제에 좌지우지 당하게 됩니다. 자녀가 초등학교 다닐 때까지는 "공부가 뭐라고" 했던 부모가 자녀가 중학교에 들어서면 불안하기 시작합니다. 그래도 내 아이는 괜찮을 거라고 생각했던 부모도 자녀가 고등학교에 입학하게 되면 미래에 대한 불안이 생기게 됩니다. 이 사회에서 먹고 사는 문제를 어떻게 해결할 수 있을까 하는 걱정 때문이죠. 아이들 역시 중학교 때 심한(?) 반항기를 겪긴 하지만 마음으로는 '잘 살아야 하는데'라는 막연한 소망만 가지고 있습니다. 그러다 불과 몇 달 후 입학한 고등학교에선 심한(?) 불안 증세를 느끼기 시작합니다. 먹고 사는 문제가 자신과 연결될 때가 머지않았다는 것을 직감하는 것입니다.

우리는 이 먹고 사는 문제를 대학에 연결시키는 것이 일반적이었고 편했습니다. 그동안 대학만 연결 시켰기 때문에 별 고민이 없어도 됐습니다. 그러면 앞으로는 어떻게 될까요? 앞으로는 안 그럴 것으로 예측하는 분이 많습니다. 그러나 아마 앞으로도 대학과 연결시키는 것이 먹고 사는 문제에 접근 할 때 가장 편하거나 안정적일 것입니다. 입신과 양명의 문화적 흐름과 경제적 상위계층으로의 합류에 대한 간절함이 여전합니다. 그 정도는 아니더라도 안정적인 소득을 기대하는 심리에서 공무원이나 대기업 취업이 중요하게 됩니다. 대기업 위주의 산업 체계가 순식간에 바뀔 가능성이 거의 없고 공무원 체계가 하루아침에 변하기도 쉽지 않습니다. 여러 가지 지표에서 주요 대학은 우리나라에서 먹고 사는데 무척 필요한 요소가 되고 있습니다. 그리고 외국이라고 특별하진 않습니다. 유럽을 비롯한 미국 일본에서도 대학은 중요한 계층이동 또는 계층유지 시스템입니다. 전 세계 50대 기업 CEO의 학력을 보면 우리나라에 비유하면 서울대, 연세대, 고려대 급 정도로 알려져 있습니다. 어느 나라나 국영수로 아이들이 힘들어 하고 대학 진학을 위해 노력을 합니다. 우리나라가 유별나서 그렇긴 합니다만 같은 아시아에 있는 홍콩, 상하이, 싱가포르 등과 비교하면 우리의 입시에 대한 관심은 별것도 아닙니다.

그런데 발표되는 자료를 찾아보면 학력은 부모에 기인한다는 결론을 쉽게 발견할 수 있습니다. 노동연구원의 자료에서는 가족의 외형적 조건보다는 가족의 대화가 자녀의 학업 성적에 영향을 미친다고 합니다(가족 배경이 학업성취에 미치는 영향: 성차, 김현주·이병훈, 2005). 또 현재 우리의 대입은 잠재력이 높고 진짜 실력이 우수한 인재를 가려내는데 성공적이지 못할 수도 있음을 지적함과 동시에 부모의 치장법(교육에 대한 열의, 사교육 등)에 따라 서울대 합격률이 달라질 수도 있다고 합니다(학생 잠재력인가? 부모 경제력인가?, 김세직·류근관·손석준, 2016). 지방으로 갈수록 영세 자영업자의 비중이 커지고, 이에 따라 경제력이 약해지면 교육에 대한 관심과 의지 그리고 동기가 약하다는 분석도 함께 고려됩니다. 부모의 역할이 고등학력에 영향을 준다는 것은 대입이 제대로 된 선발 기능을 못한다고 볼 수 있기도 합니다만 부모의 존재, 부모를 통한 삶의 배움 등이 고등학력에 영향을 준다고 볼 수 있습니다.

안타까운 것은 부모의 역할이나 부모의 존재가 지역별 경제 상황에 따라 다르다는 것입니다. 학교 교육은 지역사회의 표현형이라는 권재원 선생님의 이야기가 다르지 않게 들립니다. 나누고 싶은 것은 우리가 현재 할 수 있는 일이 무엇일까에 대한 것입니다. 국가 정책을 바꾸도록 요청하는 것도 중요하지만 이제는 부모의 역할에 대한 고민을 함께 해야 한다는 것이고, 부모의 역할에 따른 학생들의 다양한 상태를 학교 교육과정에서 어떻게 접근해야 하는지에 대한 고민입니다. 특히 지방 중소 도시나 시골 단위의 소득 하위 분위가 주를 이루는 지역의 학교 교육과정에서의 고민입니다.

지역 경제 상황은 다양한 문화를 연출한다고 볼 수 있습니다. 강남의 부요한 가구가 모여 있는 곳의 문화와 영세 자영업자 비율이 80%에 육박하는 지방의 읍면단위의 문화가 다릅니다. 당연한 사실이라고 단정하지만 두 문화의 다름을 인정하는 교육과정을 운영하는지는 고민해 볼 필요가 있다고 생각됩니다.

함께 고민해 봤으면 하는 부분은 지역의 경제력과 교사의 경제력이 교육과정에 주는 영향입니다. 강남의 부요한 지역에서의 교사의 위치와 위상은 영세한 지방에서의 교사의 위치나 위상과 다를 것인데 지역에서 그것을 받아들이는 교사는 어떤 마음으로 교육과정과 수업을 고민하고 만들어 가고, 또 어떤 희망을 가져야 하는지 알아보자는 것입니다. 좀 더 구체적으로 접근하자면 우리나라 전체의 가구별 소득과 지역의 가구별 소득 그리고 교사의 소득을 객관적 자료를 통해 비교해 보고 지역의 문화는 교사에게 어떤 영향을 주는지 알아보자는 것입니다.

그러나 방대한 자료를 객관화하고, 문화적, 심리적 영역을 수치화 내지는 객관화하기에는 역량과 여력이 부족하여 단순한 수치 및 설문 자료를 분석하였습니다. 지방은 전라북도에 한정 지었습니다. 교육부와 교육청의 교육정책에 대해 점검해 보고 어떻게 적용해야 하는지를 간단히 서술하였습니다. 특히 그동안의 혁신학교 정책이 고등학교 교육과정에 어떻게 접목되어야 하는지를 고민하고 자유 학기제, 성취 평가제, 수행평가 비율확대, 학생부 종합전형, 2015 개정 교육과정이 어떻게 구현되어야 할지를 간단히 정리하였습니다.

방법적인 측면은 학교별 상황이 너무 다르기 때문에 일반화하기 어려웠습니다.

일반계 고등학교 교육과정에 대한 새로운 상상은 대입을 중요하게 생각하되 대입을 맹목하지 않고 다양하고 유연한 교육과정을 만들 것인지에 대한 것입니다. 쉽게 이야기하면 행복한 입시는 찾을 수 없는가? 하는 것이고 입시가 아니어도 어떻게 먹고 살 수 있겠는지를 고민해 보자는 것입니다.

통계청에서 발간한 '2015년 가계금융 복지조사 결과'와 '2015 한국의 사회지표'를 대부분의 자료로 사용했고 그 외 자료는 출처를 표기한 경제 전문가의 자료 또는 신문과 기관의 것을 인용했습니다.

2. 우리나라 가구 및 개인의 일반적인 경제 상황

〈표 2-1〉은 우리나라 가구의 경제 상황입니다. 자산은 3억 4000만원 정도입니다. 자산에서 부채를 뺀 평균 순자산이 2억 8000만원 정도 됩니다. 수도권에서는 일반적인 자산 수준일 수 있겠지만 지방의 시각에선 가구당 평균 자산이 생각보다 많습니다.

〈표 2-1〉 우리나라 가구의 경제 상황

(단위 : 만원, %)

구분	자산	부채	순자산	경상소득 (A)	비소비지출 (B)	처분 가능소득 (A-B)
2014년[1]	33,539	6,051	27,488	4,658	839	3,819
2015년[1]	34,246	6,181	28,065	4,767	843	3,924
증감률	2.1	2.2	2.1	2.3	0.4	2.7

(통계청, 2015년 가계금융 복지조사 결과)

---

1) 해당연도는 조사연도이며, 자산·부채·순자산은 조사연도 3월말 기준자료이며, 소득·지출은 전년 기준자료임

〈표 2-2〉는 가구주 특성별로 나눠 본 것입니다. 연령으로는 50대의 자산이 가장 많고, 종사하는 근로 형태로는 자영업의 자산이 가장 높습니다. 전반적으로 50대의 자영업자의 자산이 가장 많습니다. 눈여겨 볼 것은 임시·일용근로자의 자산은 상용 근로자나 자영업자 자산의 1/3 정도밖에 되지 않거나 그에 미치지 못하고 있습니다.

〈표 2-2〉 가구주 특성별 가구당 순자산 보유액 및 점유율

(단위 : 만원, %, %p)

구 분		평 균			점유율		
		2014년	2015년	증감률	2014년	2015년	전년차
전 체		27,488	28,065	2.1	100.0	100.0	-
가구주 연령대별	30세미만	7,296	7,492	2.7	0.7	0.6	-0.1
	30~39세	17,970	18,684	4.0	11.7	11.1	-0.6
	40~49세	26,156	26,072	-0.3	25.1	24.0	-1.1
	50~59세	35,393	34,363	-2.9	32.4	31.2	-1.2
	60세이상	29,463	31,257	6.1	30.1	33.1	3.0
가구주 종사상지위별	상용근로자	28,445	29,238	2.8	44.4	44.4	0.0
	임시·일용근로자	11,240	11,324	0.7	5.8	5.4	-0.4
	자영업자	38,489	38,694	0.5	34.9	34.5	-0.4
	기타(무직 등)	22,714	23,187	2.1	14.9	15.6	0.7

(통계청, 2015년 가계금융 복지조사 결과)

우리나라 국민은 부동산에 대해 대체로 낙관적입니다. 부동산 가격이 하락할 것이라는 생각은 별로 하지 않습니다. 변화가 없을 것이다가 50%지만 이 역시 안전한 자산으로 부동산을 생각한다고 할 수 있겠습니다. 상승할 것이라는 기대 심리가 25% 이상입니다.

〈표 2-3〉 1년 후 거주 지역 주택가격 전망에 대한 비율

(단위 : %, %p)

가격전망 연 도	합계	하락할 것이다	변화가 없을 것이다	상승할 것이다	모르겠다
2014년	100.0	8.2	50.7	22.7	18.4
2015년	100.0	6.5	49.0	26.4	18.0
전년차	-	-1.7	-1.7	3.7	-0.4

(통계청, 2015년 가계금융 복지조사 결과)

〈그림 2-1〉는 주택가격과 소득의 변화에 대한 그래프입니다. 이 그래프는 우리나라 부동산 가격은 소비자 물가 상승률과 거의 비슷한 양상으로 상승하고 있다는 것을 보여 줍니다. 부동산 가격이 소득 대비 높지 않은 편이고 다른 투자 수단에 비해 안전한 자산이 된다는 의미입니다. 그래프의 원 작성자인 홍춘욱 국민은행 이코노미스트는 다음과 같은 해설을 곁들였습니다. "국민소득은 1986년 이후 12배 정도 증가 했고 가계 소득은 10배 정도 증가했습니다. 국민소득과 가계 소득 차이가 나는 것은 소득분배가 악화된 것으로

분석 됩니다. 같은 기간 서울 지역의 아파트 값은 3배 정도 상승했습니다. 소비자 물가(CPI) 상승률보다는 높습니다만 가계 소득보단 높지 않습니다. 그리고 전국 주택 가격은 소비자 물가상승률보다 낮습니다. 부동산 가격 그것도 서울의 아파트 가격이 가파르게 상승했다고 하지만 일부일 뿐이고 전체 값은 물가 상승률에 비례합니다. 또 아파트 가격이 오른 것은 예전보다 더 좋은 아파트에 살고 싶은 욕구가 반영된 부분도 있다고 추측할 수 있습니다(홍춘욱, 2016)." 따라서 대다수의 국민은 부동산에 여전히 호의적일 수 있습니다.

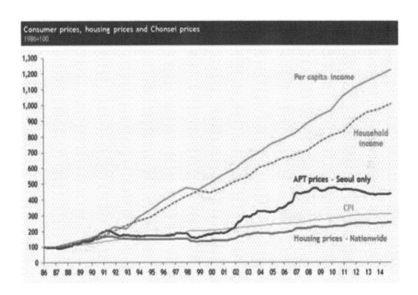

〈그림 2-1〉 부동산 가격 추이 (출처 : 홍춘욱, 국민은행 이코노미스트)

〈그림 2-2〉는 아파트 구입자 비중입니다. 2011년과 2015년의 비교 자료입니다. 자료에 나타난 바와 같이 20대부터 40대 초반까지의 아파트 구입 비중은 감소한 반면 40대 후반으로 갈수록 아파트 구입 비중이 증가하고 50대 중반을 넘어 60대 이후가 되면 2011년에 비해 30~40% 정도 구매율이 증가했습니다. 20~30대의 주택 소유에 대한 시각에 변화가 있다고 볼 수 있으나 그보다는 소득이 낮아져 구매 여력이 떨어졌다는 의견이 더 많습니다. 50대 이후의 구매율이 증가한 것은 시중 금리가 낮기 때문에 현금 자산을 가지고 있는 노년층이 안정적인 수익을 기대할 수 있는 부동산 구매로 시선을 돌리지 않았나 싶습니다.

연령별 아파트 구입자 비중 변화

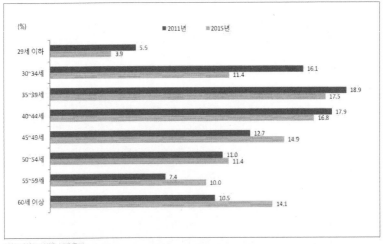

자료 : 한국 감정원, 키움증권.

〈그림 2-2〉 연령별 아파트 구입자 비중 변화, 동일연령 첫 번째 2011년,
두 번째 2015년 자료 (출처 : 홍춘욱, 국민은행 이코노미스트)

우리나라 가구 소득 구간별 분포도 확인해 보겠습니다. 최상위를 100으로 했을 때 50인 수준의 소득인 중위소득이 3920만원 정도 됩니다. 평균 소득은 4767만원 정도 됩니다.

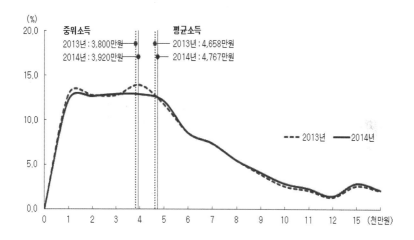

〈그림 2-3〉 가구 소득 구간별 가구 분포 (통계청, 2015년 가계금융 복지조사결과)

소득 분위별 근로자 평균 연봉과 연봉 하한액과 비교해 보면 가구소득이 어떤 수준인지 알 수 있습니다. 상위 10% 하한액이 6432만원입니다. 하위인 1분위에서 7분위까지의 격차는 완만하지만 그 이상으로 가면 상당히 가파른 차이를 보입니다.

〈표 2-4〉 소득분위별 근로자 평균연봉·연봉하한액 추이('14~15년)

(단위 : 만원, %)

소득분위(상위%)	평균연봉				연봉하한액			
	'14	'15	증감	증감률	'14	'15	증감	증감률
10분위(0~10%)	9,287	9,452	166	1.8	6,408	6,432	24	0.4
9분위(10~20%)	5,390	5,428	38	0.7	4,586	4,625	39	0.9
8분위(20~30%)	4,030	4,096	65	1.6	3,600	3,640	40	1.1
7분위(30~40%)	3,256	3,323	68	2.1	2,982	3,000	18	0.6
6분위(40~50%)	2,708	2,754	46	1.7	2,465	2,500	35	1.4
5분위(50~60%)	2,284	2,316	32	1.4	2,100	2,140	40	1.9
4분위(60~70%)	1,920	1,936	16	0.8	1,787	1,800	13	0.7
3분위(70~80%)	1,594	1,620	26	1.6	1,440	1,452	12	0.9
2분위(80~90%)	1,216	1,273	58	4.7	959	972	13	1.3
1분위(90~100%)	584	601	17	2.9	120	14	-106	-88.0
전체	3,234	3,281	47	1.5	-	-	-	-

(고용부 '고용형태별 근로실태조사('14~'15) 원시자료')

참고로 2016년 교원 1인당 서울시 교육청이 지출하는 인건비는 연 8173만원입니다. 법정부담금을 제외한 1인당 연평균 보수는 2015년 6282만원에서 2016년 6496만원으로 소폭 늘었습니다. 교사는 10분위 하한선 즉 상위 10% 정도 됩니다. 대략 교직 경력 20년이 되면 평균값을 넘습니다. 교직경력 30년에 부부교사라면 상위 3% 언저리에 위치합니다.

다음 자료는 연봉 금액별 근로자 수 비중입니다. 2000만원 미만 연봉이 무려 36.5%나 됩니다. 4000만원 이하로 확장하면 70%가 넘는군요. 교사들이 느끼는 것보다 근로자의 평균 연봉은 높지 않습니다.

〈표 2-5〉 '15년도 연봉금액별 근로자수 비중

2천만원 미만	2천만원~ 4천만원 미만	4천만원~ 6천만원 미만	6천만원~ 8천만원 미만	8천만원~ 1억원 미만	1억원 이상
36.5%	37.7%	13.8%	6.5%	2.8%	2.7%

(고용부 '고용형태별 근로실태조사('14~'15) 원시자료')

그리고 정규직일 경우 대기업과 중소기업의 평균 연봉 격차는 두 배 정도 됩니다. 통계에 포함되지 않은 복지 등을 감안하면 이보다 격차는 더 크다고 볼 수 있습니다. 교사 평균 연봉은 대기업 평균 연봉에 근접합니다.

〈표 2-6〉 근로자 특성별 연봉 추이('14~15년)

(단위 : 만원, %)

기업규모2)	고용형태	'14	'15	증감	증감률
대기업	정규직	6,278	6,544	266	4.2
중소기업	정규직	3,323	3,363	40	1.2

(고용부'고용형태별 근로실태조사('14~'15년)')

---

2) 대기업은 근로자수 300인 이상, 중소기업은 300인 미만

더불어 소득의 양극화가 심하게 일어나고 있습니다. 박광온 의원실의 자료에 따르면 지난 2011년에서 2014년 사이에 소득 상위 10%가 차지하는 비중은 상당 합니다.

〈표 2-7〉 2011~2014 소득 상위 10% 차지 비중

(단위 : %, 평균)

근로소득	이자소득	배당소득	부동산세	양도소득세
75.4	91.3	93.7	87.7	83.1

출처: 박광온 의원실

우리나라 가구 및 개인의 소득 분포와 교사의 소득을 비교해 보면 평균 연봉을 기준으로 했을 때 근로자 기준 소득 상위 10%에 위치합니다. 부부교사가 경우는 이보다 훨씬 높은 가구 소득을 올리게 됩니다. 이 지점에서 교사들이 가지고 있는 일종의 착시를 어렴풋이 알 수 있지 않을까 합니다. 교사들이 바라보는 사회와 그것을 바탕으로 꾸미는 교육과정과 수업은 어쩌면 일반적인 사회 상황과 어느 정도의 괴리가 있지 않을까 하는 조심스러운 추측입니다. 물론 위의 자료 중 자영업자의 순 자산이 가장 높고, 상용 근로자에 비해 자산 총액이 1억원 가량 높다는 것을 기준으로 한다면 교사의 급여가 사회 전체적으로는 높지 않다고 할 수 있습니다. 그러나 〈그림 2-4〉와 〈그림 2-5〉에서 나타나듯이 자영업자 비율은 근로자 대비 2014년은 22.1%, 2015년은 전체 근로자 수 2568만명

가운데 557만명으로 21.7%입니다. 그 중 고용된 직원이 없는 영세 자영업자는 전체 자영업자 557만명 중 397만 5천명입니다. 자영업에서도 고소득 자영업은 한정되어 있고 71% 정도가 영세 자영업자라고 할 수 있습니다(통계청 2015). 자영업자의 연간 평균 소득은 2012년 기준 3472만원입니다. 전체 근로자의 평균소득(2897만원)보다는 높지만 임금근로자의 평균소득(3563만원)보다는 약간 낮은 수준입니다.

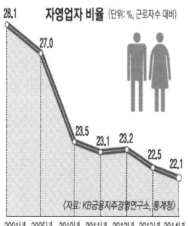

〈그림 2-4〉 자영업자 비율변화	〈그림 2-5〉 영세 자영업자 추이

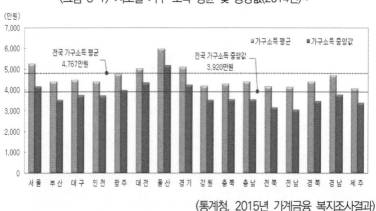

3. 지역 사회 상황 (전라북도)

우리 지역의 가구 소득을 살펴보겠습니다. 전북의 소득 수준이 높지 않다는 것은 잘 알려진 사실입니다. 그리고 산업 기반이 취약해서 특별한 소득의 증가가 일어나기 쉽지 않다고도 알려져 있습니다. 〈그림 3-1〉은 통계청에서 만든 2014년 시도별 가구 소득 자료입니다.

〈그림 3-1〉 시도별 가구 소득 평균 및 중앙값(2014년)[3]

(통계청, 2015년 가계금융 복지조사결과)

---

3) 지역명에 따른 첫 번째 자료 가구 소득 평균, 두 번째 자료 가구 소득 중앙 값

전북의 가구 소득 평균은 4157만원인데 제주, 전남에 이어 뒤에서 3번째입니다. 이는 전국 가구소득 평균인 4767만원에도 미치지 못하고 있습니다. 1인당 개인 소득도 비슷한 경향을 나타냅니다.

〈표 3-1〉 2012~2014 1인당 개인 소득

(단위 : 천원)

2012	2013	2014	지역
18113.3	18683.7	19266.8	서울
15546.1	16111.1	16562.6	부산
14699.4	15111.3	15947.3	대구
14206.9	14731.3	15570.0	인천
14473.5	14750.4	15225.7	광주
15337.8	15773.2	16279.8	대전
18831.8	19159.4	19456.7	울산
14785.1	15370.5	16132.3	경기
13355.4	13655.3	14541.9	강원
14148.7	14572.6	14944.6	충북
14236.0	15128.4	15780.3	충남
13833.2	14631.3	15264.0	전북
13129.9	13657.5	14092.9	전남
14045.4	14543.7	15073.4	경북
14279.3	14981.8	15738.3	경남
15081.6	15441.8	15597.8	제주
15315.9	15865.2	16498.8	국가평균

(통계청, 2015년 가계금융 복지조사결과)

2014년 기준으로 봤을 때 1인당 개인 소득 역시 국가 평균에도 미치지 못하며 뒤에서 5번째 정도에 머물고 있습니다.

최근 지역 부동산의 급등으로 인한 양극화도 문제가 되고 있습니다. 2008년 경제 위기 이후 3년간의 전국 아파트 가격 평균 상승률이 3%대 이었을 때 전주를 비롯한 전주 근교 지역 아파트 가격 평균 상승률은 50%대 이었습니다. 부동산 114의 자료를 참고 하면 2005년 304만원이던 전주의 아파트 평당 평균 매매가는 2015년 557만원으로 올랐고 같은 기간 전주시 완산구 효자동 2가의 평균 매매가는 평당 529만원에서 792만원으로 시내 다른 지역과 큰 차이를 보이고 있습니다. 전 지역이 고르게 상승하지 않고 특정 지역에 편중해서 상승하였는데 전라북도 전체를 놓고 봤을 때 지역 편중이 증가하고 지역별 격차 역시 증가하고 있습니다. 오랫동안 지녀온 농도의 특성 상 다름을 인정하기 쉽지 않은 지역 정서를 고려하면 자산의 양극화는 많은 문제를 나타내고 있습니다. 더불어 자산의 이동이 주로 부동산을 매개로 이루어지다보니 소비가 위축되어 지역경제에 좋지 않은 영향을 준다는 의견이 있습니다.

그러나 지역 소득이 낮은 상황에서 급격한 부동산 가격 상승은 지역 사람들에게 무척 매력적입니다. 기관이든 개인이든 이 상황을 더 유리하게 끌고 가고 싶은 것입니다. 지자체에서는 산업을 통한 개발에 한계를 느낄 수밖에 없는 상황에서 부동산을 통한 경기 회복은 지표를 통해 보여 줄 수 있는 경제 성장률에 큰 도움이 됩니다. 성장을 갈망하는 지역민의 열망을 채울 수 있는 좋은 지표가 됩니다. 그래서 부동산 개발을 계속 하고 이를 통해 지역 경기를 활성화 하려는 시도를 끊이지 않고 합니다. 자영업이나 유통을 통한 경기 회복이 어려운 개인의 입장에서도 부동산 가격의 상승은 자산을 유지 할 수 있는 좋은 기회이기 때문에 가능한 많은 부동산 자산을 보유하려고 합니다. 그래서 현재의 소득을 계속 이어 나가려 합니다. 그게 언제까지 일지는 모르겠지만 앞에서 제시한 자료들을 봤을 때 부동산에 대한 믿음은 어느 정도 유지될 것 같습니다.

지역 소득은 낮고, 자산을 통한 양극화가 심화되어 있는 우리 도의 사회 문화적 상황은 오랫동안 이어온 농도로서의 특징을 가지고 있습니다. 다른 사람의 삶과 많은 연관성을 가지고 있습니다. 작물의 파종과 수확 시기 등을 함께 결정하고 따라 가야 하기에 다른 사람의 삶에 관심을 많이 갖고 새로운 것을 찾기보다는 기존의 것을 어떻게 잘 하느냐가 중요한 관건이 됩니다. 당연히 보수적인 색채가 강할 수밖에 없습니다. 정치적으로 진보 계열을 자처하나 사회의 흐름과 맥락은 변화보다는 안정을 추구하는 성향이 강합니다. 근현대사를 지나면서 강화된 지역 정서는 이를 극복하기보다는 그 상황에 안주하려는 경향성이 드러납니다. 일반적으로 소득이 낮은 계층에서 나타나는 현상이 잘 드러나고 있습니다. 또한 서로를 돕고 함께 하는 것보다는 조금이라도 더 상층에 있는 사람이 되고자 노력하고, 그리고 조금이라도 더 상층이라고 생각하면 순서를 만들어 차별하기 좋아하는 성향도 강한 편입니다. 이런 여러 가지 사회 문화적 특징은 우리나라 전체에서 삼국시대 이후 계속 내려오고 있는 경향성입니다만(한국인의 문화적 문법, 정수복) 전라북도도 이런 경향성에 크게 예외적이지 않습니다.

4. 일반계 고등학교 교육과정 운영의 특징

과거에 전주 시내권 일반계 고등학교는 성적이 우수한 학생들이 많았습니다. 2000년대 중반까지 고등학교는 좋은 대학에 학생을 많이 보내는 것을 노력하고 결과를 앞다투어 홍보했습니다. 대략 60% 정도의 학생들이 고등학교에 진학했기 때문에 고등학교는 교육과정 운영 및 대입 시험에 별다른 변화나 어려움 없이 대처할 수 있었습니다.

그러나 자율형 사립고가 설립된 이후로는 상황이 많이 달라졌습니다. 일반계 고등학교를 지원했던 성적 우수 학생들이 자율형 사립고를 선택하면서 일반계 고등학교는 성적 유지에 어려움을 겪게 되었습니다. 일반계 고등학교들은 과거에 자신들이 가지고 있던 성적 상위자로 인한 특권이 거의 사라지게 되었습니다. 더불어 학생 수가 감소하면서 고등학교 진학률은 100%에 가까워졌습니다. 별다른 대비를 하지 못했던 일반계 고등학교는 여러 가지 어려움에 처하게 되었고 이를 극복하기 위해 다양한 방법을 고민하고 있지만 과거의 좋았던 것을 답습하는 수준에 머물러 있습니다. 전주 시내를 벗어난 지역의 학교는 학생 수를 채우기도 어려워 다양한 방법을 고민하고 있습니다. 여러 가지 노력을 기울이는 가운데 몇몇 해결책이 보이기도 합니다만 장기적인 학교 계획이기보다는 유행하는 몇 가지 프로그램을 잘 운영하여 단기적인 성과를 내려는 것이 많고 그마저 학교별 특성을 고려해 보면 모두에게 동일하게 적용하기는 어렵습니다.

전주 시내권 일반계 고등학교 교육과정 운영의 어려움은 크게 두 가지 관점으로 짚어 볼 수 있습니다. 첫 번째는 지역사회의 교육에 대한 관심이 양극화되어 있습니다. 성적 상위 5% 정도의 학생이 있는 가정은 과하다 싶을 정도로 진학에 관심이 있는 반면 그렇지 않은 많은 학부모들은 대학을 알아서 가겠지 하는 듯합니다. 농담처럼 하는 이야기가 '이 지역 사람들의 인식에는 두 대학밖에 없다. 하나는 서울대이고 또 하나는 전북대이다.'라는 것입니다. 명문대는 서울대만 인정하는 겁니다. 지역 경제가 어려워 많은 가정이 수도권의 사립대학을 보내기 쉽지 않은 것도 있지만 지역 정서가 그렇게 표현되는 것이기도 합니다. 서울대 못가면 전북대는 가겠지 하는 안일한 생각도 있습니다. 누구나 전북대는 가지 않겠느냐고 생각 하지만 전북대의 전북 외 지역 학생 비율이 45% 선을 넘어서고 있다는 자료를 보면 전북대 보내기도 쉽지 않습니다. 수도권 대학에서 전주로 와서 입시 설명회를 개최하면 자리가 많이 비다 못해 썰렁하기까지 합니다. 노동연구원에서 나온 논문 "가족 배경이 학업

성취에 미치는 영향: 성차"는 부모의 배경(가족배경)이 학업 성취도에 어떤 영향을 미치는지 설명합니다. 그 중에 이런 부분이 있습니다.

 '학력과 직업적 지위가 낮은 계층의 부모들은 자녀의 교육 활동에 적극적으로 개입하거나 자녀의 학업을 효과적으로 지원하지 못하며(Lareau, 2003), 중산층에 비해서 계층하강에 대한 위기의식이 낮아서 자녀의 교육에 대한 열망이 상대적으로 낮다(Boudon,1974 ; Erikson&Jonsson. 1996)는 일련의 주장이 있다.'

 소득이 낮은 집 아이들이 공부를 못하는 게 아니라 저소득층 가구는 자녀에 대한 교육 열의가 떨어져 성적이 낮다는 이야기입니다. 학교 교육과정에 적극적으로 영향을 미치는 계층이 한정되어 있다고 볼 수 있습니다. 강남의 여러 지역에서 교직생활을 한 권재원 선생님은 강남지역의 학생들이 예의바르고 자기 주도성이 강하며 성취에 대한 동기가 확실하다는 의미의 이야기를 합니다. 그 이유로 부모의 경제 상황을 본 자녀들이 자신들의 삶을 부모와 동일시하여 노력할 동기를 얻고, 부모도 자녀와 많은 시간을 보내며 사회에서 살아갈 여러 가지 방법을 잘 가르쳐 준다는 것입니다. 물론 우리가 언론을 통해 얻는 부정적인 정보도 있습니다만 부모의 삶과 자녀의 삶이 연결되어 있고 그 영향력은 작지 않다는 것을 말해 주고 있습니다. 이 지역은 그런 영향을 주는 부모도 적고, 숫자가 적다보니 일종의 특권의식을 가지고 있습니다. 나머지 부모는 학교에 대해 바라는 것은 많으나 제대로 요구할 수 없다는 하소연을 하는 경우도 있습니다. 강남 지역의 학부모와는 다르게 더 이상 추락할 공간이 없다는 자괴감에 인생을 함부로 하는 경우도 있고, 그런 부모와 함께 지낸 학생들의 심리 정서가 편안하지 않게 표현 됩니다. 잘 살고 싶지만 미래를 그릴 만한 여건이나 힘이 없다는 의미입니다. 그런데 교사의 위치가 특이합니다. 살펴본 것처럼 경제적으로 상위 계층이며 석사학위 이상 소지자도 많아 사회적 상위 계층이기도 합니다. 지역 사회에서 교사가 속해 있는 경제 사회적 계층은 평균을 넘어 상위 10% 이상에 위치해 있기 때문에 교육과정의 운영은 그에 맞게 이루어지고 있다는 추론을 하게 됩니다. 이는 다양한 계층의 학생들을 위한 교육과정보다는 상위권을 위한 교육과정 또는 상류를 지향하는 교육과정에 좀 더 친숙한 환경이라는 것을 알 수 있게 합니다.

두 번째는 전주시내 일반계 고등학교의 관성입니다. 이 지역뿐만 아니라 안정을 중시하는 보수적인 지역에서 나타나는 일반적인 특징일 겁니다. 교사들 또한 이 지역에서 살고 있습니다. 이 지역의 경제 문화적 습관에 따라 생각하고 행동합니다. 그 동안 별다른 무리 없이 잘 해왔다고 자부하던 교육활동이 언제부턴가 상당히 어려워졌고 그것을 극복하기가 쉽지 않게 되었습니다. 전주 시내권의 일반계 고등학교는 구성원 중 50대 연령대 가 차지하는 비율이 높습니다. 50대가 처하고 있는 여러 가지 상황을 볼 때 교육과정 운영과 수업에서 다양성과 새로운 돌파구를 찾는 것이 쉽지는 않아 보입니다. 50대 교사가 나쁘다는 것이 아니라 50대의 신체적 물리적 환경적 특성이 그렇게 된다는 것입니다. 우리나라 가구별 소득을 연령별로 분석해 보면 50대가 가장 높은 것을 알 수 있는데 1970년대 후반 이후 대학을 입학하고 1980년대 중반에 사회에 진출한 현재의 50대는 높은 경제 성장률과 다양하고 안정적인 직업의 혜택을 받아 소득의 안정과 함께 사회적 지위적 안정도 누리고 있습니다. 더불어 지역 정서와 경제 상황에서 교사는 상당한 소득 상위 안정층이고 따라서 변화를 찾을 이유가 별로 없어 보입니다. 외부와의 연결이 제한적이어서 지역의 다양한 소식을 접하는 데도 한계가 있습니다. 여기에 새로 임용되는 교사는 성적 최상위 그룹의 학생들이 안정적인 직장을 구하는 가운데 교직으로 발을 디딘 경우가 많습니다. 시대가 바뀌었고 학생이 바뀌었다는 것은 그 바뀐 학생이 교사의 길로 들어선 다는 의미입니다. 새로 임용된 교사는 교사의 역할에 대해 예전과는 다른 반응을 보이는 경우가 종종 있습니다. 최근 진보 교육감이 연이어 전북 교육을 지휘하고 있어 과거에 비해 많은 변화가 나타났지만 사회에서 성공한 연령대가 추구하는 그간의 보수성이 쉽게 흔들리지 않습니다. 또한 '모난 돌이 정 맞는다.'라는 의식이 강한 지역정서가 있어서 다른 것과는 차별화된 것이나 특화된 것들에 대한 거부감이 은연중에 많이 등장합니다. 당연히 고등학교 교육과정 운영은 기존 틀을 고수하려는 성향이 더욱 강합니다. 대입을 제외한 다른 기준의 교육과정이 개설 되게 되면 성적 상위 학부모의 매서운 눈초리를 보냅니다. 자기 자녀가 얻을 특권을 못 얻게 될까 하는 염려와 분명한 서열을 매겨야 하는 상황이 달라질 수 있다는 불안 때문이라 여겨집니다. 안타깝게도 학교는 이런 시선을 이기지 못하고 다른 학교의 경우를 따라 갑니다. 분명한 학교의 철학은 불편한 것이 되고, 학교가 지역사회를 이끌어 가기보다는 지역사회의 요구를 좋은 것과 나쁜 것의 구분 없이 수용하려는 쪽으로 방향을 설정하게 됩니다. 뭔가를 제시하는 것보다 '다른 학교'가 무엇을 하는지 관찰하고 비슷하게 하는 것이 학교를 안정되게 유지하는 방법입니다. 예를 들면 보충수업 시수나 자율학습 시간, 자율학습 학생 수 등입니다. 21세기를 지향해야 할 중요한 시점에서 다시 과거로 회귀하는 희한한 일들이 종종 일어납니다. '다른 학교'와 함께 서서히 무너져 가는 것은 아닌가 하는 염려가 듭니다.

5. 일반계 고등학교 교사들의 인식

전주 시내권 고등학교를 중심으로 일반적인 교육과정 운영에 대해 전북 여러 지역의 고등학교의 상황을 알아봤습니다. 전주 17개교, 익산 3개교, 군산 2개교, 남원 4개교를 포함하여 30개교를 조사 했습니다.

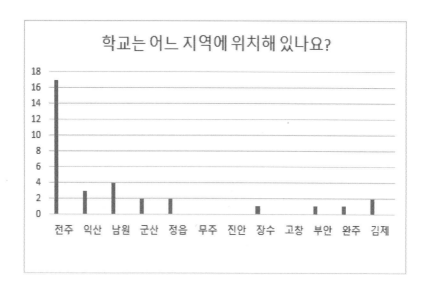

방과 후 학교(보충수업)는 전학교가 다 하고 있었습니다. 과거와 달라진 점은 학교에서 프로그램을 결정하지만 학생이 희망으로 참여하는 학교가 60% 정도라는 것입니다. 그리고 학생들이 희망하는 과목을 개설하는 경우도 20% 정도 되었습니다. 그러나 모든 학생이 참여하는 형태도 20% 정도는 됩니다. 과거에 비해 많이 달라진 학교의 모습입니다만 이 상황을 여러 교사들이 우려하고 있는 것은 조금 안타깝습니다.

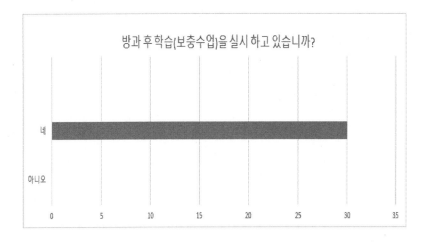

야간 자율학습은 28개교에서 실시하고 있는데 강제참여 학교가 4학교, 희망학생 참여가 86%인 24개 학교였습니다. 희망 학생 참여로 바뀐 이유 중에는 학원과 병행하기 어렵기 때문이라는 학생들의 대답이 많았고, 중학교 다닐 때까지 해본 경험이 없어 자율학습을 하기가 무척 어렵다는 대답도 많았기에 학교의 의도가 많이 반

영되지는 않은 것 같습니다. 야간 자율학습 시간은 75%의 학교가 10시까지였습니다.

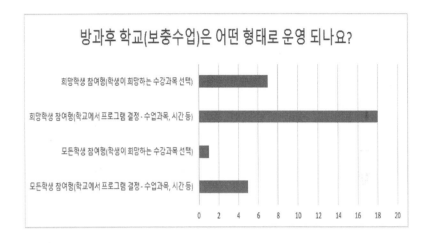

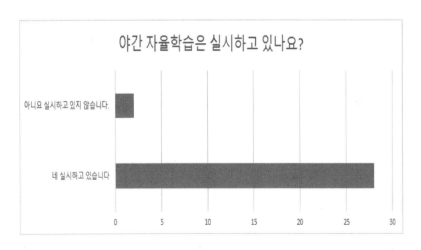

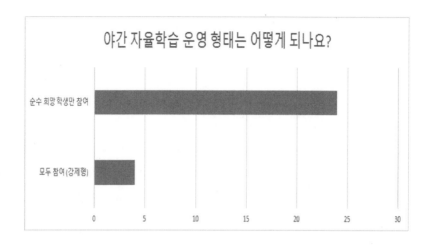

야간 자율학습 운영 형태는 어떻게 되나요?

순수 희망 학생만 참여

모두 참여(강제형)

0   5   10   15   20   25   30

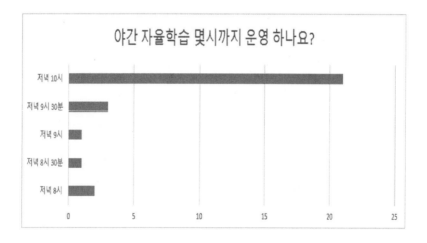

야간 자율학습 몇시까지 운영 하나요?

저녁 10시

저녁 9시 30분

저녁 9시

저녁 8시 30분

저녁 8시

0   5   10   15   20   25

　의외인 것은 성적에 따른 특별반을 운영하지 않는 학교는 17개로 무려 59%나 되었다는 것입니다. 상위권 학부모들의 기본 요구가 특별반 운영인데 운영을 하지 않는 이유가 궁금했습니다. 상위그룹을 위한 특별반 운영은 11개교였습니다. 가장 추구해야 할 이상향이 상위그룹과 하위그룹을 위한 수업을 운영하여 정규 수업에 함께 참여 하도록 하는 것이라 보이는데 상위그룹과 하위그룹을 대상으로 하는 학교가 1개 있었습니다.

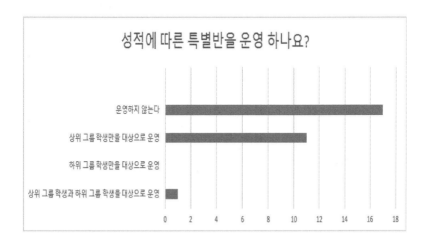

학교에서 하는 행사는 입학사정관제도에 이어 학생부 종합전형 때문인지 무척 다양하게 진행되고 있었습니다. 학교별 특색이 나타나는 행사는 눈에 띄지 않았지만 이전에는 상상할 수 없는 많은 행사들이 출현했습니다. 물론 학생들의 주도성과 학교 교육과정 운영의 정상적인 운영을 위하기보다는 대입을 위한 것입니다. 그러다 보니 학생이 중심이 되어 운영되는 학교는 불과 5개 학교에 그쳐 17% 정도를 차지합니다. 학생이 중심이 되어 운영되는 행사도 대부분이 학교 축제에 그치고 있습니다.

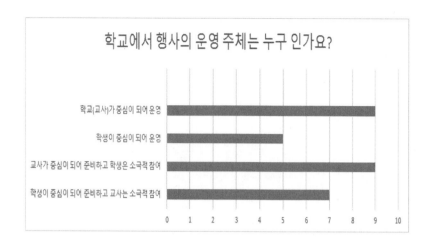

학교에서 행사의 운영 주체는 누구 인가요?

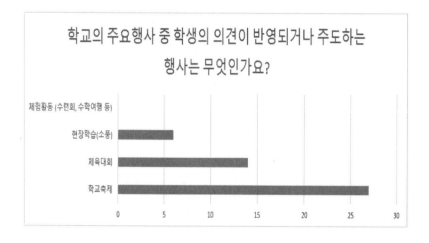

학교의 주요행사 중 학생의 의견이 반영되거나 주도하는 행사는 무엇인가요?

　　선택과목의 선택권은 어쩔 수 없이 학교 상황에 따라 달라지고 시수 또한 교사 수급상황이 제일 고려 대상이 되고 있습니다.

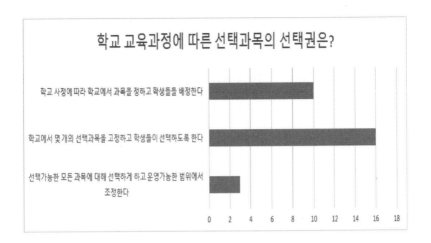

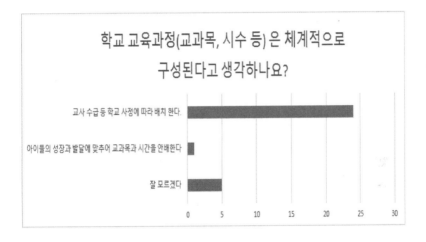

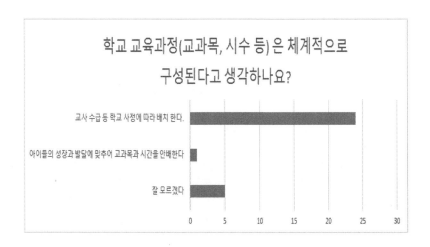

학교 교육과정(교과목, 시수 등)은 체계적으로
구성된다고 생각하나요?

학교만의 특별한 교육과정은 교육청에서 제시한 몇 가지 내용 빼고는 학교가 자체적으로 만들거나 운영하는 것은 보이지 않았습니다. 상위권을 타깃으로 한의생명계열, 경상계열을 개설한 학교가 있었습니다.

학교 교육과정은 대개의 학교가 특별함 없이 비슷하게 운영되고 있음을 알 수 있습니다. 전국에서 좋다고 하는 행사, 대학 가기에 유리하다고 하는 행사는 거의 다 진행합니다. 학교 내부적으로는 최소한 이 정도는 해줘야 아이들이 대학을 갈 수 있다는 정도의 고민입니다. 아이러니는 특별함이 없지만 특별하다고 끊임없이 이야기하는 학교들의 특별함입니다.

선생님들의 생각은 어떤지도 조사해 봤습니다. 61명의 선생님이 응답해 주셨습니다. 일반계 고등학교의 연령대가 그러하듯 응답자 중 교육경력 26년 이상이 33%로 가장 많았고 그 다음으로 11~15년이 26%이며 그 외의 연령대는 10% 내외로 분포하고 있습니다.

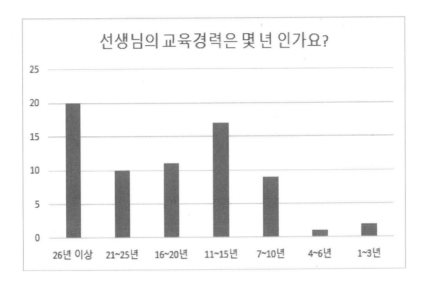

선생님의 교육경력은 몇 년 인가요?

2009 교육과정은 변해야 한다는 의견이 82%에 달했고 교육내용이 바뀌어야 한다가 78%였습니다. 그리고 2009 교육과정이 아이들의 미래 삶에 도움이 될 것이다가 71% 정도였습니다. 그런데 2015 개정 교육과정에 대해선 생각보다 부정적이었습니다. 아이들의 미래의 삶과 성장에 도움을 줄 거라고 생각하는 교사는 절반이 채 안 되는 43%였으며 2015 개정 교육과정이 귀찮거나 관심이 없다고 응답한 비율도 48%나 되었습니다. 새로운 정책에 대한 그간의 거부감이 표출된 것이 아닌가 싶습니다.

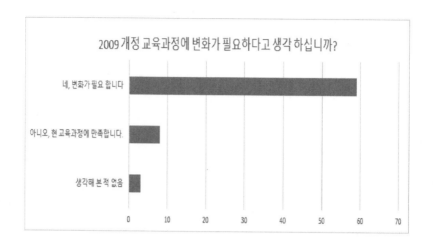

2009 개정 교육과정에 변화가 필요하다고 생각 하십니까?

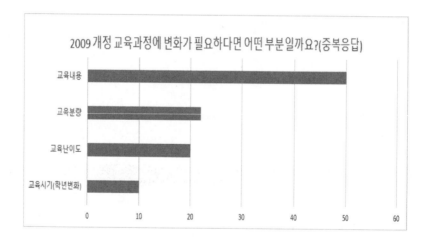

2009 개정 교육과정에 변화가 필요하다면 어떤 부분일까요?(중복응답)

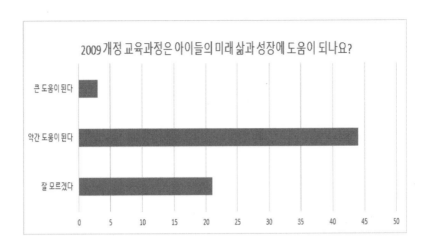

2009 개정 교육과정은 아이들의 미래 삶과 성장에 도움이 되나요?

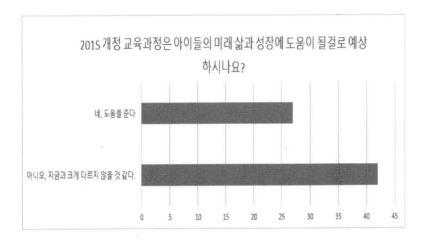

2015 개정 교육과정은 아이들의 미래 삶과 성장에 도움이 될걸로 예상 하시나요?

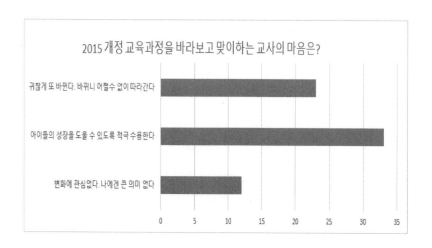

2015 개정 교육과정을 바라보고 맞이하는 교사의 마음은?

학교생활에서 선생님이 겪는 어려움은 중복 선택을 가능하게 했는데요. 수업이 33%, 업무가 45%, 생활지도가 53%를 차지하고 있었고 교장, 교감선생님과의 관계도 22% 정도 되었습니다.

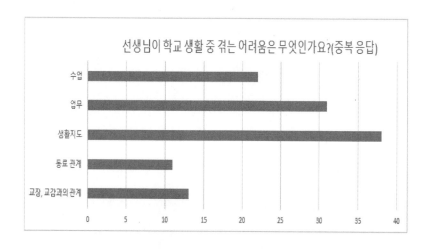

선생님이 학교 생활 중 겪는 어려움은 무엇인가요?(중복 응답)

교실이 붕괴되고 공교육이 무너졌다는 것에는 87%가 공감했고 요. 원인으로는 학생들의 낮은 학업 성취도에 따른 포기가 67%로 가장 많았고 부모의 방임(가정의 무너짐)이 44%, 학생의 낮은 자존 감 35%, 교사의 방임이 24%로 그 뒤를 이었습니다(중복응답 허 용).

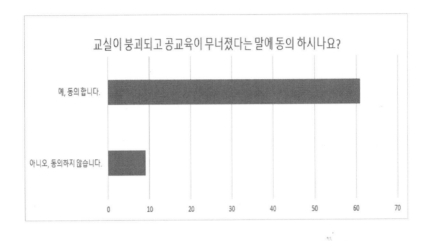

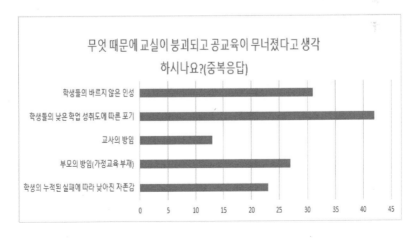

무너진 교실과 공교육을 바로 세우는 방법에 대해 물었을 때 수업 개선이 60%로 가장 많았고, 국가의 제도 개선이 48%, 부모의 가정에 대한 관심이 38%였습니다.

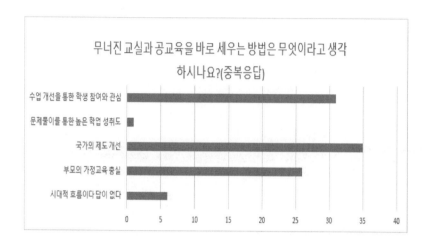

수업이 어렵고 학교가 어려워졌다는데 공감 하면서 이것을 바로 세울 방법은 일단 수업의 변화라는 것을 교사들은 잘 알고 있었습니다.

그러나 다음 설문조사를 보면 다른 측면을 볼 수 있습니다.

고등학교 교육의 목적은 무엇인가 라는 질문에 대학진학이라고 답한 선생님은 겨우 7%였고, 진로 직업 준비라고 답한 선생님은 16%였습니다. 77%의 교사는 미래의 삶을 탐색하고 준비한다고 답했습니다. 그런데 미래의 삶을 탐색하기 위한 교육정책들에 대해서는 생각보다 오해가 많았습니다.

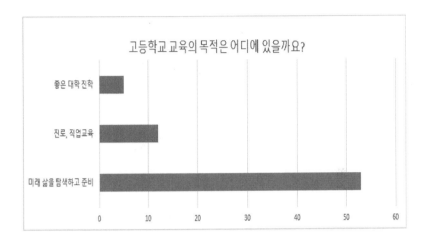

중학교 자유 학기제는 수업과 평가의 개선이라는 목적이 있음에도 78%의 교사가 적성과 진로를 탐색하는 과정이라고 답했고, 성취 평가제는 의미가 없거나, 현 상황에서 의미가 없다는 응답이 92%였습니다. 수행평가 확대도 비슷한 맥락이었는데요. 부정적인 의견이 62%로 필요하다는 의견 38%를 앞질렀습니다. 수행평가 확대에 따라 겪는 어려움의 대부분은 공정성과 객관성 확보였습니다. 그러나 확대의 이점도 분명히 이야기 했는데요. 과정중심으로 전환, 수업에 대한 흥미와 관심이 높아짐, 다양한 평가의 확대 가능성이 있다고 했습니다.

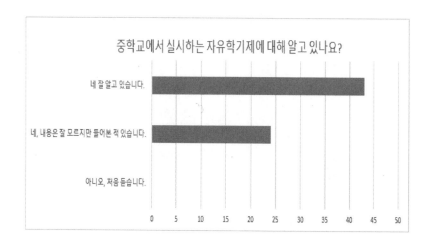

중학교에서 실시하는 자유학기제에 대해 알고 있나요?

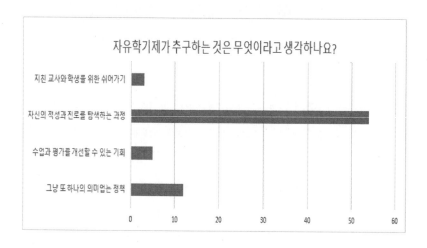

자유학기제가 추구하는 것은 무엇이라고 생각하나요?

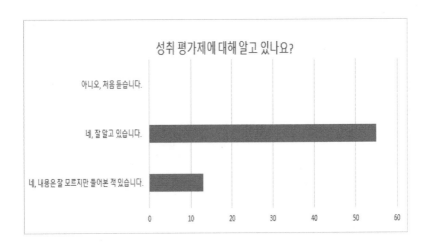

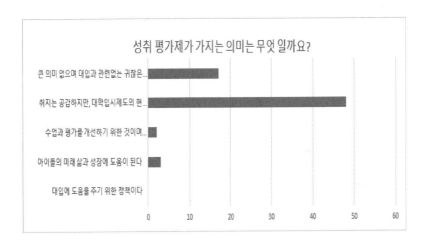

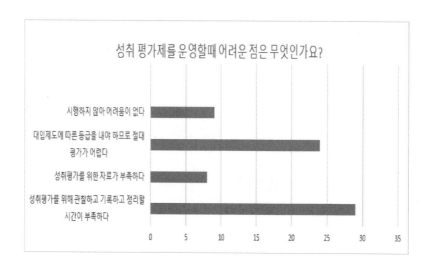

성취 평가제를 운영할때 어려운 점은 무엇인가요?

- 시행하지 않아 어려움이 없다
- 대입제도에 따른 등급을 내야 하므로 절대 평가가 어렵다
- 성취평가를 위한 자료가 부족하다
- 성취평가를 위해 관찰하고 기록하고 정리할 시간이 부족하다

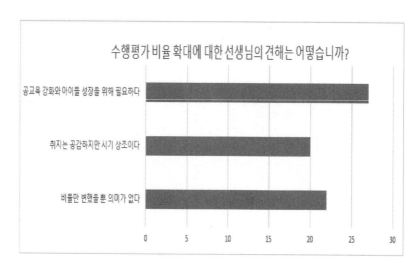

수행평가 비율 확대에 대한 선생님의 견해는 어떻습니까?

- 공교육 강화와 아이들 성장을 위해 필요하다
- 취지는 공감하지만 시기 상조이다
- 비율만 변했을 뿐 의미가 없다

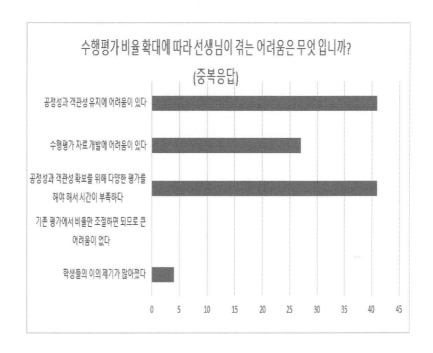

수행평가 비율확대에 따라 선생님이 겪는 어려움은 무엇 입니까?
(중복응답)

공정성과 객관성 유지에 어려움이 있다	
수행평가 자료 개발에 어려움이 있다	
공정성과 객관성 확보를 위해 다양한 평가를 해야 해서 시간이 부족하다	
기존 평가에서 비율만 조절하면 되므로 큰 어려움이 없다	
학생들의 이의 제기가 많아졌다	

학생부 종합전형은 수업과 평가에 긍정적인 변화를 줄 것이라고 대답한 교사가 39%, 귀찮거나 큰 영향을 주지 않는다가 61%로 나와 의외였습니다. 학생부 종합전형은 상위권에 유리하다가 53%, 중위권에 유리하다가 44%, 하위권에 유리하다가 2%였습니다.

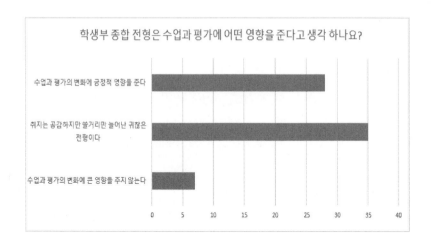

학생부 종합 전형은 수업과 평가에 어떤 영향을 준다고 생각 하나요?

- 수업과 평가의 변화에 긍정적 영향을 준다
- 취지는 공감하지만 쓸거리만 늘어난 귀찮은 전형이다
- 수업과 평가의 변화에 큰 영향을 주지 않는다

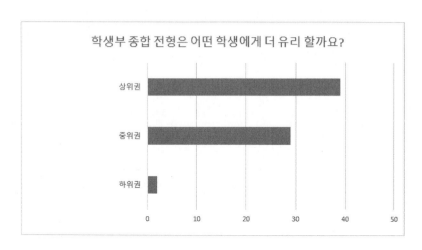

학생부 종합 전형은 어떤 학생에게 더 유리 할까요?

- 상위권
- 중위권
- 하위권

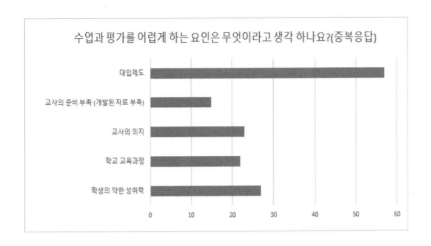

수업과 평가를 어렵게 하는 요인은 무엇이라고 생각 하나요?(중복응답)

대입제도

교사의 준비 부족 (개발된 자료 부족)

교사의 의지

학교 교육과정

학생의 약한 성취력

0   10   20   30   40   50   60

수업의 개선이 학교를 변화 시킬 수 있다고 대답했지만 방법적인 측면에서는 국가가 시행하는 정책에 대해 거부감을 느끼고 있는 것입니다. 그런데, 안타까운 것은 거부감을 느끼다 보니 정책에 대해 잘 알고 있지 못하고 있고 개선에도 소극적일 수밖에 없습니다.

어쨌건 대입 제도가 수업과 평가의 개선을 가로막는다고 대답한 비율이 84%에 육박했습니다. 지금의 대입 제도가 더 수정 보완 되어야 할 것은 분명한 것 같습니다.

정교하고 세밀하게 만들어진 설문은 아니지만 크게 두 가지를 고 했는데 첫 번째는 고등학교의 현재 상황은 어떠한가, 두 번째는 교사가 느끼고 고민하는 것은 무엇인가였습니다.

고등학교 상황은 이전에 비해 많이 개선되었으나 대부분의 학교에서 무력감을 보였습니다. 학생들의 낮은 자존감이 학업 성취능력 등으로 인해 학교가 어려움을 겪고 있다고 했고 해결의지는 있으나 구체적인 해결방안보다는 여러 가지 프로그램을 가져오는데 그쳐 각 학교의 지역사회와 학생들에게 맞는 교육과정을 시행하고 있지는 않은 듯합니다. 여러 가지 어려움이 있지만 수업, 업무, 생활지도 등의 학교 생활영역 모두에서 지친 듯합니다. 그럼에도 이 어려움을 타개할 방법은 수업의 개선이라고 답을 했습니다. 수업 개선과 더불어 국가의 정책을 바꿀 것을 주문했습니다. 대입을 바꾸자는 의미였을 것입니다. 그리고 가정도 변해야 한다고 했습니다. 무엇을 개선해야 하는지는 정확히 알고 있습니다.

그런데 이러한 개선에 대한 노력은 별로 기울이지 않는다는 것을 알게 됩니다. 국가가 시행하는 정책에 대한 거부감, 정책을 구현하는 방법에 대한 거부감일 수는 있지만, 자유 학기제, 성취 평가제, 수행평가 확대, 학생부 종합전형, 2015 개정 교육과정에 대해서는 피상적으로 알고 있거나 잘못 알고 있다고 보여 집니다. 질문에는 없지만 혁신학교에 대한 조사에서도 혁신학교에 대한 의미와 방향은 좋으나 혁신학교가 무엇을 추구하고 어떻게 운영되는지는 잘 모르는 상황에서 고등학교는 혁신학교에 어울리지 않다는 대답을 했습니다. 교육청이나 교육부가 추구하는 정책에 대한 피상적인 거부가 아닌가 싶습니다. 구두 조사로 이루어진 각 고등학교 교사와의 대담에서는 정책들은 별 의미가 없고 더 이상 노력하는 것도 쉽지 않으며 아무리 그래봐야 대입 성적에 따라 바뀔 것이고 교장 교감 및 사립학교 이사장이 추구하는 것이 결국은 대입이어서 다른 것을 할 필요가 없다는 응답이 많았습니다. 조금 놀랐던 것은 진보 교육 감 2기의 중반을 지나고 있는데도 이 지역 교육청이 추구하는 방향 을 전혀 모르는 교사를 생각보다 자주 만난다는 것입니다.

6. 교육부의 교육 정책과 교육청의 혁신학교 정책

1) 자유 학기제

자유 학기제는 학생들의 다양한 꿈을 키우기 위한 국가 교육정책으로 제시되었습니다. 처음 언론에 발표된 것은 자신에 맞는 진로 찾기였지만 현재 자유 학기제의 일반적인 흐름은 수업과 평가의 변화를 목표로 하고 있습니다. 교사의 다양한 수업 기획, 평가 기획, 활동 기획을 권장하고 적용시킴으로서 수업과 평가의 변화를 꾀하고 있는 것입니다. 학력 저하가 있을 것이라는 부정적인 의견이 있지만 자유 학기제를 내실 있게 운영해 본 교사라면 3년간의 개별 교과 교육과정을 더 탄탄하게 구성할 수 있게 됩니다. 물론 대부분의 교사가 자유 학기제를 제대로 이해하고 있지는 못합니다. 고등학교 교사 대상 설문에서도 자유 학기제는 진로 찾기 활동 정도로 생각하고 있다는 것을 알 수 있었고요. 그럼에도 자유 학기제는 아이들의 다양한 활동을 지향하여 자기 주도성을 키움과 동시에 교사의 개별 교육과정 및 수업 기획력을 끌어 올릴 수 있는 좋은 기회입니다. 자유 학기제가 제대로 안착이 되고 중학교 3년의 교육과정이 자유 학기제의 확대 또는 연관 있는 맥락으로 이어진다면 교사와 학생들이 자신의 삶과 꿈을 찾아 갈 수 있는 기반을 만들어 줄 것으로 기대 됩니다.

2) 성취 평가제

학교에서 가장 천덕꾸러기가 된 제도가 성취 평가제가 아닐까 합니다. 의미 없는 귀찮은 제도라고 대부분 생각합니다. 그러나 중학교 자유 학기제를 제대로 안착시키고 교육과정을 개선하기 위해서는 성취 평가제가 필수라고 생각됩니다. 현재처럼 교과서 중심의 수업과 교과서 중심의 평가는 자유 학기제와는 맞지 않는 틀입니다. 학생 개개인으로 접근하면 좋겠지만 물리적인 한계 때문에 생기는 어려움이 있으므로 대략적인 수준을 정하면 좋을 것 같습니다. 고등학교에서도 마찬가지로 제안해 볼 수 있습니다. 고등학교 교사의 관심은 대학 입시에 맞춰 있기 때문에 현행 9등급의 구분을 성취 평가제는 5등급으로 학생을 나눈다는 의미밖에 없다고 생각합니다. 그리고 시험 보기 전 분할 점수를 산출하는 귀찮은 과정으로 여깁니다. 교육청이나 학교에서는 성취 기준과 성취 수준을 교사가 기술해 보고 그에 맞는 수업을 설계하고 교육과정을 운영하는 과정을 간과한 것이 아닌가 싶습니다. 학기 또는 학년을 기준으로 성취 기준을 기술해서 수업의 목표를 세우고 성취 수준을 고려한 수업의 변화를 만들어 낼 수 있습니다. 성취 기준과 성취 수준이 만들어 질 수 있다는 것은 이미 평가를 고려할 수밖에 없는 상황이 되는 것이고 이는 평가의 개선까지 이끌어 낼 수 있다고 보입니다. 현재 고등학교에서 가장 고민 되는 수업의 개선을 위한 훌륭한 정책이라 고 생각할 수 있습니다.

3) 수행평가 확대

교육부에서 뜬금없이 수행평가 확대라는 정책을 내놓았습니다. 100% 수행평가로 지필평가를 대신할 수 있다고 했는데 준비 없이 급작스럽게 내놓은 정책에 대한 반발이 심해지니 중학교 과정까지 만 가능하다고 한발을 뺐습니다. 현재 전북 교육청은 수행평가를 40%~70% 범위 안에서 자유롭게 운영이 가능하다는 지침을 일선 학교에 보냈습니다. 일반계 고등학교에서도 70%까지 수행평가 확대 가 가능하다는 것인데요. 이런 정책은 수업의 획기적인 변화를 모 색할 수 있는 정책입니다. 교과서 밖의 내용을 교사가 자유롭게 기 술 할 수 있으며 삶의 다양한 내용을 수업과 평가에 가져 옴으로써 죽은 지식이 아닌 삶의 의미를 발견할 수 있는 과정을 만들 수 있 습니다. 교사의 다양한 수업 구성과 평가에 대한 구상을 풀어내어 학생들에게 참여하게 할 수 있습니다. 수업이 살아날 수 있다는 의 미입니다. 외부로의 여러 활동만 생각할 것이 아니라 교과 내용을 학생들과 함께 다시 구성할 수 있는 여지가 충분히 주어진 것입니다. 여러 가지 어려움이 있다는 것은 어떤 정책에서도 마찬가지라는 걸 감안 한다면 수행 평가 확대는 다양한 수업 방법, 수업 기획, 수업 내용을 구현할 수 있는 좋은 제도입니다.

4) 학생부 종합전형

우리의 생각의 틀이 매여 있는 것이 입학사정관제입니다. 당시에 획기적인 제도였고 학교 현장을 많이 어렵게(?) 했기 때문에 교사나 학부모의 머리에 많이 각인이 되어 있는 것 같습니다. 일선 고등학교 교사 중에도 입학사정관제와 학생부 종합전형을 잘 구분하지 못하는 경우가 있습니다. 입학사정관제는 교과 외 다양한 활동에 초점을 두었다면 학생부 종합전형은 교과와 연관된 다양한 활동에 초점을 둡니다. 수업과 관련된 활동들을 기록하는 것입니다. 교과 성취내용을 점수로만 확인하지 않고 여러 활동을 통해 확인하겠다는 의미이고 학교에서는 학생의 성취를 여러 활동을 통해 직접 드러내 보여야 하는 만만치 않은 부담을 가지게 하는 제도입니다. 학생부 종합전형은 현재 여기저기에서 뜨거운 감자인 것은 분명합니다. 왜냐하면 앞의 세 가지 정책은 과정에 대한 것이지만 학생부 종합전형은 최종 단계의 결과물이 나오는 정책이기 때문입니다. 우리 사회가 생각하는 교육의 최고 우두머리인 대입의 결과를 나타내는 정책이기 때문에 누구에게나 초미의 관심사이고 누구에게 더 이익일 것인가에 대한 심한 견제가 나타나는 정책입니다. 그러나 앞에서 언

급한 자유 학기제, 성취 평가제, 수행평가 확대라는 세 가지 정책과 학생부 종합전형의 맥락은 같다고 볼 수 있습니다. 국가의 미래는 개인의 역량에 달려 있고 이 역량을 어떻게 발견하고 키워 나가야 하는지를 고민하는 정책이기 때문입니다. 아직은 대부분의 대학에서 학생부 종합전형을 확대하기를 꺼려합니다. 서울대와 10여개의 대학에서만 활발히 논의가 진행되고 있을 뿐 지방 대학들은 학생부 교과전형을 더 선호합니다. 그렇지만 점점 여러 대학들이 수능의 비중을 줄여가는 추세이고 학생부 종합전형으로 학생을 선발하려는 쪽으로 옮겨가고 있습니다. 그런데 학생부 종합전형에 제대로 대응하기 위해서는 고등학교 입장에선 많은 고민을 해야 합니다. 전반적인 교육과정의 철학과 맥락에 대한 대폭적인 수정이 필요하고 이에 맞춰 수업과 평가를 바꾸지 않으면 안 됩니다. 무척 점진적인 변화 또는 무변화인 것 같은 변화를 추구하는 기존의 고등학교들은 난감한 상황에 빠져 있습니다. 거기에 바뀐 수업과 평가를 기록으로 남겨야 합니다. 그렇지 않으면 의미가 없지요. 전반적인 흐름으로 보면 고등학교의 교육과정을 바꾼 다음 수업과 평가를 바꾸고 이런 내용을 생활기록부에 기록하는 것까지가 학생부 종합전형의 지향점이 아닌가 합니다. 학생부 종합전형은 고등학교뿐만 아니라 중학교 수업과 평가까지 새롭게 만들 수 있는 정책이라고 볼 수 있습니다. 고등학교의 이런 흐름이 강해지면 중학교에서도 가만히 있을 수는 없게 됩니다. 급작스럽게 불어 닥친 광풍 같은 변화된 교육정책을 수용할 수밖에 없게 됩니다. 대학에서 적극적으로 학생부 종합전형을 확대해야 하고 2021년으로 예정된 정시에서의 적용도 많이 고려해 봐야 합니다.

5) 2015 개정 교육과정

현재의 교육 모습		앞으로의 교육 모습
· **과다한 학습량**으로 진도 맞추기 수업 · 어려운 시험 문제로 수포자 양산, 높은 학업 성취도에 비해 학습 흥미도 저하 · 지식 암기식 수업으로 추격형 모방 경제에 적합한 인간	⇒	· **핵심 개념** 중심의 학습 내용 구성 · 진도에 급급하지 않고 **학생 참여 중심 수업**을 통한 학습 흥미도 제고 · 창의적 사고 과정을 통한 선도형 창조 경제를 이끌 창의융합형 인재 양성

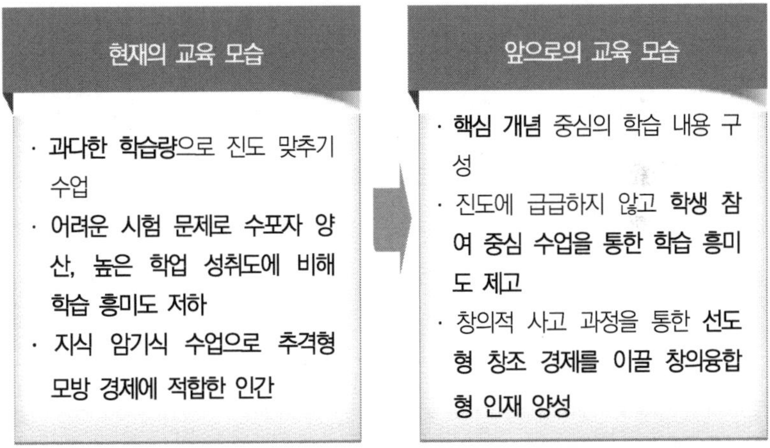

〈그림 6-1〉 교과 교육과정 주요 내용 (교육부 보도자료 2015.9.23.)

　　2015 개정 교육과정 최종 확정 발표 자료 5쪽에 있는 교과 교육과정 주요 개정 내용에 대한 표입니다. 핵심 개념, 학생 참여 중심 수업, 창의융합형 인재 등의 용어가 익숙하지 않나요? 국가가 제시하는 교육과정의 큰 줄거리가 '과다한 학습량에서 핵심 개념'으로, '어려운 시험문제에서 진도에 급급하지 않고'로, '지식 암기식 수업에서 창의적 사고 과정'으로 바뀌었습니다. 아직 학교에서 이 내용을 충분히 숙지하지 않았다 하더라도 교육을 바꾸기 위해 노력했던

여러 노력의 방향과 거의 일치함을 알 수 있습니다. 그간 내놓은 여러 정책과 대입정책의 근간이 될 수 있는 교과 교육과정 역시 기본 방향이 같습니다. 교과의 다양한 구성을 통한 수업의 개선, 학생 참여, 이를 통한 미래 사회에 대한 비전 제시라는 맥락입니다. 물론 그동안 내놓았던 정책 중 나쁜 것은 없었다는 항변도 할 수 있습니다만 지금 정책은 결이 다릅니다. 그리고 일관성이 보이는 겁니다. 우리가 원하지 않아도 우리 사회가 이미 이런 요구에 닥쳐 있다는 것입니다. 앞으로 몇 년간은 아주 강한 변화의 바람이 불어 올 텐데 학교에서 어떻게 대처해 나갈지 궁금해집니다. 개인의 미래와 지역사회, 그리고 국가의 미래를 고민해야 하는 중요한 상황을 계속 접해야 하는 것입니다.

6) 혁신학교 정책

진보 교육감 이후 많은 시도 교육청에서 혁신학교 정책을 펴고 있습니다. 이는 기존의 교육에 대한 대안교육이 아니라 새로운 미래를 준비해야 하는 획기적인 정책입니다. 초등학교, 중학교, 고등학교를 거치면서 학생들이 학교라는 공간에서 자신의 삶을 기획하고 만들 수 있는 학교가 혁신학교입니다. 안타까운 것은 많은 지역사회에서 혁신학교는 공부 안 시키는 학교라고 인식하고 있다는 것입니다. 그래서 초등학교까지는 혁신학교가 가능하지만 중학교부터는 애매하고 고등학교는 안 된다는 인식이 팽배합니다. 고등학교 혁신학교의 기본 방향은 수업과 교육과정 개선을 통해서 자신의 삶을 인식하고 이에 대한 준비를 어떻게 할 것인가에 대한 구체적인 물음과 대답을 주는 것입니다. 이런 과정은 학생들에게 스스로의 삶을 준비할 여건을 만들어 주는 것이 되는데 현실인식이 되어 있는 고등학생은 어떠한 방향으로 자신의 삶을 만들어 갈지를 진지하게 고민하게 됩니다. 제대로 된 고등학교의 혁신학교는 학력에서도 뒤떨어질 수가 없게 됩니다.

현재의 혁신학교 정책이 중요한 이유는 교육부가 추구하는 정책과도 맞물려 있지만 그보다 한 단계 더 높은 수준의 요구를 하고 있기 때문입니다. 국가가 추구하는 정책은 미래 역량, 미래 사회 즉 경제적 가치에 중점을 둔 정책이라고 보입니다. 미래 국가의 생존이 경제에 달려 있다는 의미입니다. 물론 그 과정에서 협력을 꾸준히 강조하고 있습니다. 그러나 혁신학교 정책은 민주 시민을 키워 우리 사회의 변화를 추구하는 정책입니다. 개인의 역량에 그치지 않고 이 사회가 누구에게나 같은 가치로 대할 수 있는 사회가 되도록 준비하고 노력하는 과정입니다. 우리 사회가 현재 가지고 있는 다양한 가치를 인정하지만 그 안에서 우리가 함께 바르게 살아야 할 새로운 사회를 꿈꾸는 정책입니다. 개인의 역량을 인정하고 차이를 인정하지만 그 안에서 함께 살아야 할 것들, 다시 말하면 '협력을 통한 가치 창출'을 추상적인 개념에서 그치는 것이 아니라 삶의 현장에서 잘 드러나는 사회를 꿈꾸는 것이 혁신학교 정책입니다. 초, 중, 고에서 바라보는 혁신학교 정책의 방향성은 일관 되어

야 하지만 정책을 실현하는 방법에 대해서는, 그리고 학교에 적용
하는 각각의 차이에 대해서는 인정하고 구분해야 합니다.

7. 우리가 고민할 고등학교 교육과정

사회는 언제나 변하고 있습니다. 사회는 교육도 함께 변하라고 요구하고 있습니다. 변화되는 경제 환경에 맞는 인재를 양성해 달라고 요구합니다. 인재의 의미를 해석하기가 쉽지 않은 세상이지만 아마도 사회의 이익을 잘 산출해 낼 수 있는 사람을 의미하는 것 아닌가 합니다.

조선시대까지만 거슬러 올라가도 교육은 우리에게 입신과 양명을 위한 중요한 제도였습니다. 몇 개 가문이 독식해 버려 누구에게나 공평하지 못했지만(과거 출세의 사다리, 한영우) 지금도 그때와 전혀 다르지 않은 흐름이 있다는 것을 누구나 느끼고 있습니다. 여전히 경제사회적 상위층은 교육을 출세를 위한 도구 또는 경제사회적 지위를 유지하기 위한 도구로 생각하고 우리가 함께 나누어야 할 공공재라는 인식이 부족합니다. 또 경제사회적 하위에 위치하는 사람들도 언제나 상위층으로 올라가기를 기대하는데 그 기대를 이루기에 수월하고 간편한 수단이 교육이라고 생각하고 있습니다. 그러다 보니 우리가 함께 고민하는 '사람'에 대한 인식이 많이 부족하게 되고, 우리가 함께 사는 사회의 구성원으로 환영해야 할 교육의 역할이 제대로 작동하지 못하는 경우가 많습니다.

지역 경제 상황은 교육에 많은 영향을 미칩니다. 지역 경제 상황이 좋든지 나쁘든지 그 상황은 학교가 그대로 받아들일 수밖에 없습니다. 지역 경제 상황은 지역민의 정서와 생각을 만들고 그 정서와 생각이 학교로 적용되는데 교사들 역시 지역민이기 때문에 지역의 정서와 생각이 바르게 학교로 적용됩니다. 경제 상황이 지역민의 정서를 모두 대변한다고 볼 수는 없지만 지금의 우리 사회는 경제적 여건이 모든 것의 우위에 있는 상황이어서 지역민의 정서도 경제 상황으로 설득되어 버립니다.

국가는 미래에 대한 예측을 끝내놓고 교육의 변화를 요구하고 있습니다. 자유 학기제, 성취 평가제, 수행평가 확대, 학생부 종합전형, 2015 개정 교육과정의 맥락은 개인의 역량에 맞춰져 있음을 알 수 있습니다. 이전에는 집단의 성장을 위해 개인의 희생을 요구했다면 이제는 개인이 성장해야 집단이 살아남을 수 있다는 의지를 어렴풋이 보여주고 있습니다. 개인의 성장에 초점을 맞췄다는 것은 그간의 교육에 비해 무척 고무적인 현상이라고 볼 수 있습니다. 어쩔 수 없는 선택이라고 할지라도 한 사람 한 사람의 존재에 대해 눈 뜨기 시작했다는 것은 중요한 흐름입니다.

그런데 우리 사회에 흐르는 기류는 국가 정책에 대한 신뢰가 부족하고 국가 정책 변화의 방향성에 비해 아직은 변화가 더딥니다. 함께 살아가는데 가장 기본이 되는 신뢰의 부족으로 인한 여러 가지 어려움이 드러나고 있습니다. 정책을 만들고 실현해야 할 집단에 대한 불신, 나와 함께 하는 상대방에 대한 불신이 우리가 함께 나가야 하는 것들에 대한 어려움을 주고 있습니다. 교육은 이런 부분을 회복해 나가야 하고 그래야 학교가 역할을 제대로 할 수 있습니다.

학교의 역할을 제대로 해보고자 출발한 혁신학교의 가장 기본은 '신뢰'입니다. 학생과 교사와 학부모가 서로를 신뢰할 수 있는 공동체를 만드는 것이 혁신학교의 기본이며 목표입니다. 그 위에 민주시민으로서 살아야 할 것들을 여러 과정을 통해 알아가며 그것들을 가지고 사회에 나가도록 하는 것입니다. 신뢰를 기반으로 교육과정과 수업이 이루어지고 그 안에서 공동체로서 경험한 것들을 사회로 발산하도록 돕는 곳이 혁신학교입니다. 따라서 우리는 두 가지 목표를 세워야 하는데 가장 큰 목표는 '신뢰'라는 기반을 쌓는 것이고 그 다음은 '신뢰'라는 기반을 통해 개인의 '역량'을 키워야 하는 것입니다. 신뢰는 사회를 지탱하고 개인의 역량은 사회를 이끌어 가도록 해 주는 것이 혁신학교가 더 많이 고민해야 할 지점이 아닐까합니다.

일반계 고등학교가 추구해야 할 방향성은 이런 것들이 아우러져야 할 시대가 되었습니다. 국가의 정책, 지역 교육청의 정책, 그리고 미래 사회에 대한 재구성의 세 가지 요소가 비슷한 맥락을 추구합니다. 누군가는 부정하고 싶겠지만 이미 우리가 해야 할 일들이 정해져 있는 듯합니다. 이것들을 구성하고 만들어 가는 과정이 쉽지 않겠지만 우리와 우리의 미래를 위해서 감당해야 할 부분이 되었습니다.

일반계 고등학교의 교육과정은 지역사회를 대변합니다. 그러나 지역사회를 선도해야 할 필요성이 있고, 갑을의 위치가 아닌 협력적인 위치에서 함께 해야 하는데 철학과 비전의 제시 정도를 해야 합니다. 우리가 함께 살아야 할 사회의 기본 맥락은 '협력을 통한 가치 창출'로 매듭지어도 될 것 같습니다. 협력은 추상적인 협력이 아닙니다. 실질적인 협력인데 예를 들면 경제력 상위자의 조세 부담률 확대, 경제력 하위자를 위한 다양한 사회 기반 운용 등입니다. 이는 경제력으로 지위를 구분하자는 것이 아니라 먼저는 경제적 능력을 인정하고 그 다음은 능력을 함께 공유할 수 있는 협력을 하자는 의미입니다. 권력의 상위자가 권력의 하위자에게 동등함을 요청하는 과정은 권력을 함께 나누는 의견 제시와 토론 합의 등의 과정을 만드는 것입니다. 이런 것을 하기 위해서 고등학교 교육과정은 지금보다 더 학생 중심의 교육과정이 운영되어야 합니다.

학생 중심의 교육과정의 운영은 성과와 결과 중심의 교육과정이 될 수 없습니다. 체육대회를 예로 들어 보겠습니다. 우리에게 익숙한 것은 교사 주도로 운영해서 문제없는 깔끔한 진행을 통해 교사가 어떤 성취감을 맛보았던 것입니다. 학교는 행사 하나를 훌륭히 치렀고 그 행사의 주체는 학생이지만 학생이 수단이 되어 실질적인 주인공은 행사를 운영하는 교사였습니다. 그렇지만 앞으로는 학생에게 돌려주어 엉성하고 지루하게 운영되더라도 학생이 성취감을 느끼도록 하는 것입니다. 혁신학교에서는 많이 시행되고 있고 초등학교 중심으로 이런 교육과정이 확산되고 있는데 고등학교에서도 더 적극적으로 이것을 받아 들여야 합니다. 교육과정의 체계를 만드는 과정에서도 정책의 완결을 목표로 하되 그 과정에서 일어나는 일들의 부자연스러움도 인정해야 하는 것입니다.

국가가 주도하는 교육정책은 미래의 경제적 안정을 위해 다양한 것을 모색하고 있습니다. 학교의 상황에 대한 고려보다는 정책의 실현이라는 목표를 두는 것이 여전히 우리를 어렵게 하고 있습니다. 그럼에도 국가의 교육정책은 우리가 생각하는 것보다 더 우리 사회에 진보적인 정책입니다. 다만 경제적 안정과 국가의 발전이 목표에 한정 되는 듯한 느낌이 아쉬울 뿐입니다. 일반계 고등학교에서는 국가의 주요 교육정책만 능동적으로 수행해도 지금보다 훨씬 나은 학교가 될 것입니다. 다양한 수업과 평가, 이를 지지하는 교육과정, 그리고 학생 한명 한명에 대한 관심을 기반으로 한 생활기록부와 학생의 고등학교 생활을 기반으로 선발하는 입시전형인 학생부 종합전형까지의 큰 틀을 함께 만들어 간다면 지금과는 비교할 수 없을 정도로 좋은 학교가 될 수 있을 것입니다.

혁신학교 정책은 이런 국가 교육정책을 기반으로 '신뢰'를 키워가며 '협력을 통한 가치창출'이라는 목표를 더하고 있습니다. 궁극은 개인의 삶이 아름다워지며 아름다워진 개인의 삶이 모여 아름다운 사회를 만든다는 것입니다. 고등학교 교육과정은 이런 사회를 만드는 기반의 마지막 단계인 것입니다. 초등학교, 중학교와는 다르게 고등학교는 상위학교가 완충지대가 되지 못합니다. 2015년 통계청 발표에서 보듯 고등학생의 30%는 대학에 진학하지 않습니다. 그리고 대학 진학과 함께 취업과 경제활동의 많은 부분이 결정되는 사회 구조입니다. 고등학교를 다닌다는 것은 이런 부담을 가지고 산다는 의미입니다. 따라서 고등학교 교육과정은 더 다양해야 하고 더 가치를 중요하게 생각해야 하며 각자의 능력이 발현되도록 도와주되 차별이 아닌 차이로 인식하도록 도와주는 것이 중요합니다.

교사의 경제적 지위는 교사들이 체감하는 것보다 높습니다. 우리나라 가구당 평균 소득이 4700만원 정도인데 교사의 평균 급여는 6000만원을 넘습니다. 자영업자의 평균 소득보다도 근로자 평균 소득보다도 높습니다. 수도권과 지방의 차이가 분명이 존재하기에 모든 지역에서 동일하게 적용할 수는 없으나 지방으로 갈수록 교사의 경제적 지위가 올라갑니다. 교사는 교육과정과 수업을 운영하는데 이 부분을 많이 고민해야 할 것 같습니다. 교사의 눈보다 주변의 눈을 더 생각하고 교사가 교육과정의 '신뢰'라는 명제에 제일 먼저 노력해야 하지 않을까 합니다.

그러나 예전보다 많은 교사들이 학교가 변해야 하고, 수업이 변해야 함을 잘 알고 있습니다. 그리고 학생들의 미래를 걱정하고 사회의 미래를 걱정하고 있습니다. 학교라는 제도가 교사들의 이런 고민과 염려를 노력으로 바꿀 수 있도록 도와 줘야 합니다. 국가는 새로운 교육과정과 교육정책을 제시하였고 교육청은 혁신학교 등을 통한 교육의 구체적인 비전을 제시하였습니다. 학교는 교사들이 조금 더 노력할 수 있는 기반을 만들어 줘야 합니다. 학교의 의미는 교장, 교감이 아니고 우리가 함께 세워나가는 공동체의 의미입니다.

지역사회는 교육에 대해 많은 정보를 제공함과 동시에 많은 요구를 합니다. 학교는 이런 정보와 요구를 가지고 교육과정을 고민하며 수업을 만들어 갑니다. 그러나 학교가 체감하는 정도는 지역사회의 변화에 비해 많이 약합니다. 더 많이 고민하지 않으면 미래를 준비해야 할 학생과 지역사회에 누를 끼칠지도 모릅니다. 일반계 고등학교는 우리 사회가 공통으로 가져야 할 가치를 가지고 있습니다. 그리고 누구나 누려야 할 가치도 가지고 있습니다. 한사람을 소중하게 생각하는 생각부터 우리 사회의 아름다운 미래를 그려내야 할 기반인 것입니다. 지금보다 더 유연하게 그리고 더 포용하는 교육과정이 필요한 시기인 것입니다.

무언가 새로운 것이 나올 것이라는 기대를 가지고 연구를 시작했지만 연구를 할수록 이미 대부분이 제시되어 있다는 것을 알게 되었습니다. 특별한 새로운 것을 하자는 것이 아니라 우리가 이미 고민하고 있었고 해야 한다고 생각했던 것들을 잘 정착하도록 서로의 마음이 필요하고 노력과 격려가 필요하다는 것을 알게 되었습니다. 학교 현장에서 노력하는 교사가 좌절하지 않도록 도와 가며, 지금 우리의 노력이 우리 뿐 아니라 우리 미래를 위한 것임을 서로에게 말해주는 시기라는 것을 알게 되었습니다. 우리가 함께 고민하는 학교는 우리 곁에 있고, 우리는 이런 학교가 되기 위한 하나의 발걸음을 떼기 시작하면 되는 것입니다.